少年野球

監督が使いたい選手がやっている!

デキるプレイ56

JN025914

元 読売ジャイアンツコーチ
元 慶応大学野球部監督
監修 江藤省三

日本文芸社

🔵 はじめに 🔵

学童野球の指導で学んだ「ほめて育てる」

　もう 20 年ほど前になります。私は現在も住んでいる川崎市で、学童野球（小学軟式野球）の地区選抜チームを指導させていただいたことがあります。

　そこで出会ったのは、あまり楽しくなさそうに練習に取り組む、ひとりの選手でした。最初はそんなものかな、と思って見ていたのですが、別の日、他の選手らとともに「よかったらウチにおいで」と招いてみると、拙宅の庭でティー打撃を繰り返すにつれ、彼のスイングはみるみる速く、力強くなっていきました。彼はやがて、試合でも結果を出しはじめ、以前とは見違えるほど楽しそうに、練習に取り組むようになりました。

　私が心掛けたのは、彼を「ほめる」ことです。それまで「ほめて育てる」ことなどほとんどない、プロ野球の世界で選手やコーチをしてきた私にとって、初めての経験であり、新たな気づきでもありました。その後、2009 年から監督をさせてもらった慶応大学野球部では、3 度の六大学リーグ優勝を経験させてもらいましたが、それは後にプロ入りする福谷浩司君や、社会人野球・トヨタ自動車の主将を務めた辰巳智大君など、野球推薦ではなく、一般入試で入部した選手らの活躍があったからこそです。そうした選手起用は、あのときの学童野球の指導経験なくしてはできないものだったと思います。

　現在、長く続けている「東京中日スポーツ」での野球教室の連載や、各地

※「全日本軟式野球連盟」では、中学生による野球を「少年野球」と定義し、小学生の野球は「学童野球」と呼んでいます。ただし、本書では一般的に「少年野球」と聞いてイメージするであろう「小学生が行う野球」という内容で主に作成しました。

で行う少年野球教室で、学童野球指導者の皆さんに聞かれたり、実際に話したりする機会がありますが、言い続けているのは、子供たちにとって何より大切なのは「野球を楽しく思う」ことです。どんな選手も、野球を続けていれば、いずれどこかで技術的にグンと伸びる時期が訪れるもの。大人はそのときに気づき、さらに伸ばしてあげられればいいのです。

　本書で取り上げた56の項目は、どれも野球を続けていれば「常識」と呼べるものです。しかし、野球を始めて間もない子供が自分で気づくのは難しい。ぜひ、本書で学び、練習や試合の中で意識し、実践してほしいと思います。あえて技術を必要としない項目を選びました。ホームランやファインプレイでなくても、走塁でひとつ先の塁まで行けたり、守備位置を変えてフライを捕れたり、自発的なプレイによる「成功体験」は、子供たちにとって、野球をさらに好きになるためのきっかけになるはずです。

　中には、プロ野球選手ですら忘れてしまいがちなものもあります。お父さん、お母さんもぜひ一緒に読んでいただき、子供たちと同じ目線で野球を見て、楽しみ、そして子供たちの成長を見守っていただければ幸いです。

江藤省三

Contents

少年野球 監督が使いたい選手がやっている！ デキるプレイ56

第3章 ピッチャーとキャッチャー

Contents

Contents

第6章 声出し

第1章

基礎編

チーム練習から試合時のベンチにいるときまで、
プレイ以外のときも「野球選手」として
大切な行動はこれだ!

大きな声で、元気にあいさつする

　一日の生活は「あいさつに始まり、あいさつに終わる」。野球では、練習のときも、試合のときも、多くの人に会うはずだ。チームメイトと「おはよう！」と声を掛け合っ たら、監督やコーチはもちろん、チームメイトのお父さんやお母さん、試合では対戦相手にも、大きな声で「おはようございます！」。グラウンドに入るときには、グラ

どうして？

気持ちを高めて、
自分も元気になれるから

第1章 基礎編

第2章

第3章

第4章

第5章

第6章

ウンドに向かって「お願いします！」とあいさつするのも大切だ。

　あいさつはお互いの気分をよくするだけでなく、大きな声を出すことで、自分自身を元気づけ、気分を高めてもくれる。試合や練習が終わったときには、うまくいった日も、いかなかった日も、大きな声の「ありがとうございました！」で締めくくろう。

正しくステップして、相手の胸に投げる

　準備運動に続いて行うことが多いので、ウォーミングアップの延長と考えがちだ。しかし、キャッチボールは最重要な練習メニュー。

　「キャッチボールを見れば選手やチームのレベルがわかる」という指導者も多く、たくさんのプロ野球選手が一番大切な練習を問われ「キャッチボール」と答えている。

　相手に向かって真っすぐな直線をイメージしたら、まずは利き腕と同じ足を「逆T字」になるように置き、次に逆の足を真っすぐ踏み出し、相手の胸を目がけて、しっ

第1章 基礎編

第2章

第3章

第4章

第5章

第6章

コントロールがよくなる

かりと腕を振って投げる。

　ピッチャーはピッチング練習、野手は送球練習のつもりで。1球1球、一つひと

つの動きを意識してストライクを投げ込むことで、キャッチボールは中身の濃い練習になるはずだ。

 「ステップ＆スロー」は送球動作の基本中の基本。キャッチボールから意識して、しっかり身につけよう

一歩ずつ下がりながら投げる

　小学校低学年くらいの場合、キャッチボールは8〜10メートルくらいで始めることが多い。そこから距離をだんだんと伸ばしていくわけだが、気をつけたいのは「徐々に伸ばす」こと。

　見ていると、「いつもの距離」から、一気に「遠投」の距離まで離れて、別メニューのようにキャッチボールを再開する子供たちが多い。

　だが、ここでは一歩ずつ距離を広げなが

どうして？

急に遠くへ投げるとコントロールがつかずケガもしやすいから

NG
これを
やっては
ダメ！

ら、連続的に続けよう。「捕球動作」も「投げる動作」も、同じように意識をしながら、肩や腕を慣らしていくのが大切だ。

また、もし肩や肘に違和感があれば、距離を広げていく途中でわかるはず。肘・肩などに軟骨が多い小学生は、強い力をかけなくても関節を痛めるケースがある。無理をして「故障」になってしまう前に、勇気を持って休むようにしよう。

第1章 基礎編

第2章

第3章

第4章

第5章

第6章

すぐにボールを
持ち替えて投げる

正しい握り方

キャッチボールでは「投げる」だけではなく、「受ける」ことも大切な練習になる。では、受けるほうはどんなことに気をつければいいか。

しっかりとグローブの芯で捕球（ほきゅう）し、その後はスムーズな流れで、投げるための動作に入ることだ。

盗塁阻止のための送球をしなければならないキャッチャーだけではなく、野手もボールを捕ってから投げるまでの動きは当然ながら速く、正確なほうがいい。

いつものキャッチボールのときから、捕

16

試合であわてずにプレイできる

NG
これを
やっては
ダメ！

球から送球まで、素早く、正確な動きを意識して行うことで、実際の守備での動きも違ってくる。

キャッチボールには、基本のすべてが詰まっているのだ。

 ボールを持ち替えるときには正しく握るようにしよう。

17

ベンチでは相手チームの投手・野手を観察する

　攻撃で打順を待つ間や、スタメンに選ばれなかったときなど、試合中にベンチにいる時間は、常に相手チームの動きを見るようにしよう。

　「キャッチャーの肩が強い」とか、「ピッチャーはセットポジションが苦手」など、相手チームの選手のクセや特徴をつかむことで、バッターや塁上にいるランナーにア

どうして？
相手の特徴を知ることも大切な準備の1つ

NG これをやってはダメ！

ドバイスを送ることができる。そうした「戦術的」な理由もあるが、相手にいい選手がいるときには、単純に自分の参考にすることも大切。守備や打撃、走塁の面でも、相手チームを「倒すべき相手」としてだけでなく、「学ぶべき相手」として見ることができたら、今よりも1ランク成長できるはずだ。

第1章 基礎編

第2章
第3章
第4章
第5章
第6章

少年野球もメジャーリーグも ルールは同じ

本書では「ストライクゾーン」「振り逃げ」「インフィールドフライ」の項で、ルールブックの記述をそのまま抜き出して説明している。

このルールブックというのは、正式には「公認野球規則」といって、日本プロフェッショナル野球組織（NPB）と、すべてのアマチュア野球団体をまとめる全日本野球協会が中心となり、毎年、編集・発行されている。野球はプロ野球も高校野球も、さらには学童野球も、この「公認野球規則」に基づき、同じルールで競技が行われる。

もちろん、学童野球とプロ野球では、使用するボールも軟式と硬式とで大きく違うし、ピッチャープレートからホームベースの距離や塁間も違う。プロ野球は9回、学童野球の多くは7回と、試合のイニング数も違うが、それらはすべて、言ってみればローカルルールのようなもので、競技規則自体は同じなのだ。

野球は非常にルールが多く、複雑なスポーツである。もっとも、だからこそ他のスポーツにない、奥深い面白さが野球にはある、ともいえる。いつも使う日常的なルールから、知ってはいるが、長くやっていても、試合では一度も見たことがない――などというルールまでさまざまだが、一度覚えたルールの知識は、高校野球、あるいはプロ野球まで野球を続けたとしても、決してムダにならないはずだ。

もうひとつ加えれば、この「公認野球規則」の元になっているのは、アメリカでつくられた「Official Baseball Rules」。あこがれの坂本勇人内野手や柳田悠岐外野手はもちろん、メジャーリーグで活躍する大谷翔平選手やダルビッシュ有投手も、当然、同じルールで野球をしている。

一つひとつのプレイが速く、正確なプロ野球やメジャーリーグではあるが、やっていることは学童野球も同じ。春、夏の甲子園で盛り上がる高校野球もしかり。親子で観戦することがあれば、「こないだ練習したプレイだね」なんていうプレイも多いはず。子供たちも、野球をより身近に感じて日々の練習に打ち込めるはずだ。

第2章

バッティング

知っておきたいバッティングの基本。
練習でも試合でも、しっかりとイメージを持って
打席に入ろう

素振りをするときは内容にこだわろう

外角高め！

次は内角！

　打撃練習の基本で、家でもできるのが「素振り」。「毎日、100回やっています！」……。素振りはつい、その回数で練習をした気になってしまう。回数も大切だが内容にもこだわろう。

　まずは「正しいスイング」。バックスイング→ミート→フォロースルーと、正しい体重移動で、バットに体重を乗せるイメージでしっかり振り切る。これに加えて、「コースを意識したスイング」をしたい。ただ100回振るよりも、「内角高めを10回」「外角低めを10回」といったように、

第1章

第2章 バッティング

第3章

第4章

第5章

第6章

どうして？

試合で生きたボールを打てるようになるから

NG これをやってはダメ！

実際のコースをイメージして振るのだ。

「コースを意識して」「正しい体重移動で」スイングすることで、素振りは効果的な練習になる。実戦では、当てることを優先してボールを迎えに行かず、自分のスイングでバットを振り抜くことを心掛けよう。

 昔は「木の葉っぱを打て」なんて言われたよ。ボールをイメージした目標を設定して振れ、ということだね

正しいストライクゾーンを理解する

1／2の　3

ルールブックには、ストライクゾーンについて「打者の肩の上部とユニフォームのズボンの上部との中間点に引いた水平のラインを上限とし、膝頭の下部のラインを下限とする本塁上の空間」と説明があり、「このストライクゾーンは打者が投球を打つた

めの姿勢で決定されるべきである」とある。

「打つための姿勢」というのは、前の足とバットが一番離れたところの姿勢のこと。変化球を「1、2の3」で打つときの、「2の」の瞬間だ。バッティングでは、それまでどんな構えをしていても、この瞬間は同

第1章

第2章 バッティング

第3章

第4章

第5章

第6章

どうして？

ボールはヒットに なりづらいから

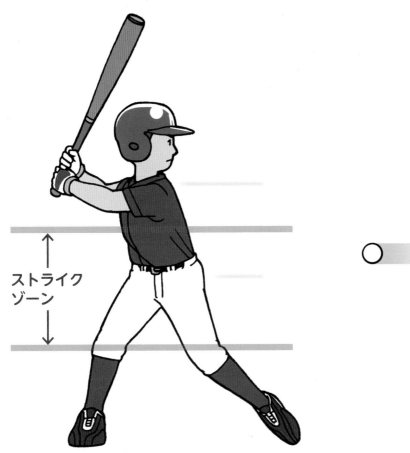

ストライク
ゾーン

じ姿勢になる。

　つい「低めに構えたら、ストライクゾーンが狭くなるんじゃないか？」と考えがちだが、これは間違い。極端に低く構えたり

すると、かえって審判の印象が悪くなることもあるので、バッティングは自分が一番打ちやすいフォームを心掛けよう。

学童野球もプロ野球も、大谷翔平選手らがプレイするメジャーリーグも、ルールは同じ。
「公認野球規則」というルールブックに基づいているんだ

練習のときは際どいストライクもすべて振ろう

　バッティング練習、とくにコーチなどに投げてもらってのフリー打撃で、ときおり、明らかにストライクの球を見逃す選手がいるが、これはいただけない。練習ではむしろ、際どいコースも、全部打つつもりで打席に入ろう。

　際どいコースのストライク、ボールを見極める「選球眼」は試合では重要だが、フリー打撃はあくまで「打つ技術」をつけるための練習。

　もちろん、コースによっては打ちづらいところもあるだろうが、むしろ練習のときに、さまざまなコースを打ち、ときに打ち損じる経験を重ねることで、自分の得意、

どうして？

実戦でも積極的な
バッティングができるから

NG これをやってはダメ！

第1章

第2章 バッティング

第3章

第4章

第5章

第6章

不得意なコースを知ることができる。

　また、同時に、ルール上の「ストライクゾーン」とは別に、自分が得意な"自分にとってのストライクゾーン"を確立することができる。

　フリー打撃での積極的な姿勢は、試合でもそのまま出ることが多い。学童野球の監督からは「試合で『見逃し三振』する選手は、バッティング練習でも消極的な選手が多いね」という声も聞く。

　練習では、ストライクはすべてフルスイングで捉える気持ちで臨もう。バッティングで大切なのは、「ストライクを強く振れる」ことなのだから。

バッターボックスでは外角が届くところに立つ

　初めてバッターボックスに立ったときは、向かってくるボールが怖いもの。つい、外側に立ってしまいがちだ。

　こればかりは「慣れ」しかない。コーチやお父さん、お母さんに「近いところ」から「遅い」ボールを投げてもらうところ

から始めて、だんだんと距離を長くして、「ピッチャーと同じ距離」から「少し速めのボール」が来ても大丈夫になるまで、ゆっくり慣れていこう。

　いまは軟式ボールよりも柔らかい、入門用のボールも売っている。そうしたボール

どうして？

ストライクを確実に打つため

NG
これを
やっては
ダメ！

第1章

第2章 バッティング

第3章

第4章

第5章

第6章

を使ってもいい。

　慣れたら、バッターボックスでは外角までバットが届くところに立つようにしよう。

体が大きな子は、バッターボックスの一番内側でなくても大丈夫だ。

打席に入るとき、バットの先でホームベースの外角側をトントンとして、立つ位置を決めるようにしよう。

三振しても「振り逃げ」ならアウトじゃない

ワンバウンド

　ルールブックには、「第3ストライクと宣告された投球を、捕手が正規に（注：ノーバウンドで）捕球した場合」「ノーアウトまたは1アウトで、一塁に走者がいるとき、第3ストライクが宣告されたとき」に「打者はアウトになる」とある。

　つまり、3ストライク＝アウト、ではないのだ。逆に、「走者が一塁にいないとき」「一塁走者にいても2アウトのとき」に「捕手が第3ストライクと宣告された投球を捕らえなかった場合」は「打者は走者になる」としている。

出塁できれば ヒットと同じ

ボールを
落とす

通称
「振らず逃げ」

後ろに
そらす

第1章

第2章 バッティング

第3章

第4章

第5章

第6章

　これが「振り逃げ」だ。つまり、「一塁に走者がいない」か、「一塁に走者がいても2アウトのとき」に、キャッチャーが3ストライク目を捕れなかったり、投球がワンバウンドであれば振り逃げできる。

　「振り逃げ」とは言うが、小学生のときには見逃しの3ストライク目のボールをキャッチャーが捕り損ねるケースもある。このときも振り逃げできるので、覚えておこう。正式な名前ではないが、「振らず逃げ」と呼ぶ人もいる。

バットを短く持ってみる

シュッ

　速球投手に対して「バットを短く持て」というアドバイスは、監督やコーチからされたことがあるのではないだろうか。

　バットを指一本分くらい短く持つと、いつもより振りやすく感じるはずだ。短く持つ利点は、スイングがコンパクトになり、バットコントロールがしやすくなること。相手が速球投手でなくても、より確実にミートするために、追い込まれたカウントでバットを短く持つケースもある。

　ただ、その場で短く持ちさえすればミートの確率が上がるわけではない。全体的な

バットコントロールをしやすく、ミートの確率を上げるため

NG
これを
やっては
ダメ！

第1章

第2章 バッティング

第3章

第4章

第5章

第6章

バランスやタイミングも微妙に変わるので、普段の素振りから、短く持った場合のスイングも練習しておくことが大切だ。

「とにかくバットに当てる」ことが求められる状況で役立つ方法だが、最近は「三振しても大きく振ろう」と教えるチームや指導者も少なくない。どちらも間違いではないので、そのときは両方を学ぶ気持ちで。

打撃❼　荒れ球の投手と対戦するとき　

やみくもに振らずじっくり待つ

ピッチャーのタイプが比較的、はっきりしているのが少年野球の特徴。乱暴ではあるが、2つに分けると「スピードよりもコントロール」のタイプと、「コントロールよりもスピード」のタイプだ。

こうしたタイプ別のピッチャーに対応できることも、チームの打線の一員としては重要。スピードタイプのピッチャーに対する一般的な対処は、「早いカウントから打たず、じっくりとボールを見極める」攻撃をチーム全体で実践することだ。

数多く投げさせることと、可能ならば四

フォアボールになればヒットと同じ

ストライク

NG
これを
やっては
ダメ！

第1章

第2章 バッティング

第3章

第4章

第5章

第6章

球をもらうこと。自分が打って勝てれば言うことはないが、チームで好投手を攻略できたときの達成感も、また別のうれしさがあるものだ。

学童野球では、2019年度の全国大会から、ピッチャーひとりにつき「1日70球」の球数制限が広く採用されている。これによって、ピッチャーはより早いカウントでの勝負が求められるようになっている。今後は、求められる戦術も少しずつ変わってきそうだ。

理想の少年野球指導者像とは？

　長らく国民的スポーツといわれ、競技人口の裾野も広い野球。それだけに、その競技生活の入り口となる少年野球では、さまざまな人が指導者として、子供たちの指導・育成に携わっている。

　本書の監修をしている江藤省三さんは、プロとして長い選手経験を持ち、プロ野球でのコーチ経験をはじめ、大学、高校、さらには中学、小学生まで、あらゆる年代、カテゴリーのチームで指導を重ねてきたベテラン中のベテラン。その江藤さんのもとには、多くの少年野球指導者から、野球の教え方や、子供たちへの接し方について質問が日々、寄せられている。

　こうした問いに、江藤さんが挙げるのは❶ルール、技術、戦術への豊富な知識を持つ、❷情熱を持ち、自ら選手と一緒に汗を流す姿勢を見せる、❸子供たちから慕われる人格を持つ（内面だけでなく、外見でもグラウンド内外で手本となる存在に）、❹子供をほめて、励ます（技術的に劣る子や、試合の出場機会が少ない選手にも目を配

る）、❺ユーモアのセンスを持って子供たちと一緒に笑える、という５つのポイントを備えた指導者像だ。

　とくに少年野球では、高度な野球技術を教えるよりも、子供たちの「心・技・体」を磨く気持ちで接するのがいい、と江藤さんは言う。「心」はチームメイトへの思いやり、「技」は練習を好きになること、「体」は体の大きさに関係なく、厳しい練習についていける体力をつけること。一番大切なのは、子供たちと同じ目線で指導に当たることだという。

　ときに、自分の現役時代の実績をひけらかすような指導者もいるが、「名選手、名監督にあらず」の言葉は、プロだけに限らない。「少年野球の監督は『お父さんやお母さんの次の、３人目の親であれ』と言っているんです」と江藤さん。指導者自身も日々、野球の勉強を怠ることなく、子供たちだけでなく、父母や他のコーチからも頼られる存在になることができれば最高だ。

ピッチャーと
キャッチャー

「ピッチャーが投げなければ、野球は始まらない」。
野手としても重要なバッテリーの働きを知っておこう

デッドボールでは帽子を取ろう

　ピッチャーをしていれば、避けて通れないのがデッドボールだ。普段から荒れ球のピッチャーもそうだが、コントロールがいいピッチャーであっても、コーナーを攻めるために、バッターにぶつけてしまうことはあるものだ。

　デッドボールはピッチャーとバッターによる真剣勝負の中で起こる、いわば事故みたいなもの。ほとんどの場合は、どちらが悪いというわけではない。それでも、ピッ

素直に謝り、気持ちを入れ替えよう

第1章

第2章

第3章 ピッチャーとキャッチャー

第4章

第5章

第6章

チャーはバッターにぶつけてしまった場合、素直に帽子を取って謝るようにしよう。

常に対戦相手を尊重してプレイできれば、それはもう一流の野球選手だ。

「デッドボール」は和製英語。現在はルールに合わせプロ野球も少年野球も、審判は「ヒット・バイ・ピッチ」と呼んでいるぞ。

構えるとき、利き手は体の後ろに隠す

　キャッチャーはどんな姿勢でボールを捕りに行っているだろうか。全体的な構えは個人差もあるが、利き手は体の後ろに隠すようにして構えるのが一般的だ。

　これは利き手にボールが当たってケガをしてしまうことを避けるため。文字どおり「隠す」のだ。

　実はプロ野球のキャッチャーでも、ファ

どうして？
ファウルチップが当たって指をケガするのを防ぐため

NG これをやってはダメ！

イテッ

第1章

第2章

第3章 ピッチャーとキャッチャー

第4章

第5章

第6章

ウルチップが当たって、利き手の指を骨折するような事故が起こっている。硬式球を使い、投球も打球も格段に速いプロでは、その危険度もなおさら。

軟式球ではそこまでの危険性はないだろうが、無用なケガを防ぐためにも、少年野球のときから、利き手は体の後ろに回して構えるクセをつけたい。

ファーストゴロで ベースカバーに入る

　ピッチャーは「5人目の内野手」とも呼ばれ、投球はもちろん、守備も重要。ピッチャーゴロやバント処理のほか、一塁のベースカバーも重要な守備の動きだ。

　ファーストゴロはもちろん、結果的にセカンドゴロになるような場合も、一・二塁間に飛んだ打球は一塁手も追い掛けることが多いので、一塁ベースカバーに入る必要がある。ゴロが右方向に飛んだときには、一塁方向に動くクセをつけたい。

ボールを捕った一塁手が、自分でベースに入れないことがあるから

・・・・・・・

NG
これを
やっては
ダメ！

第1章

第2章

第3章 ピッチャーとキャッチャー

第4章

第5章

第6章

　このとき打者走者と交錯しないよう、本塁側から回り込むように膨らんでベースカバーに入るようにしよう。

　一塁手が深い位置でさばいたゴロは、二塁手が一塁ベースのカバーに入ることもあるので、そのときの動きは前もって決めておくようにしよう。一塁手が前進しながら捕った打球はピッチャーが、下がって捕った打球は二塁手がベースカバーに入るのが一般的だ。

ワイルドピッチやパスボールのとき、キャッチャーにボールの位置を教える

　ワイルドピッチとパスボールは、いずれもキャッチャーが捕球できずに、落ちたボールが地面を転がることになる。ランナーがいる場合はキャッチャーが素早くボールをひろい、送球動作に入るが、まれにボールを見失ってしまうことも。そんな

ときには、ピッチャーが大きな声でボールの位置を知らせるようにしよう。

　また、ランナーが三塁にいる場面でのワイルドピッチやパスボールは当然、ランナーがホームに突入してくることが多い。キャッチャーからバックネットまでの距離

キャッチャーはボールが
どこへいったかわからないから

がある球場では、二塁ランナーが一気に
ホームを狙うことも考えられる。そうした
可能性もあらかじめ頭に入れておき、ピッ
チャーはボールがそれたとき、すぐに本塁
ベースカバーに向かうようにしよう。

 三塁ランナーがいるときには、キャッチャーに声を掛けるのと同時に、走って本塁のベースカバーに入るようにしよう。

野手に送球先などを指示する

野手の中で唯一、ファウルゾーンにある守備位置から、フィールド全体を見渡すことができるのがキャッチャー。内外野の野手陣に対する指示出しや声掛けは、キャッチャーにとって大きな仕事だ。

大切なのは準備。ランナーがいるときには、アウトカウント、ボールカウントによっ

てバントの可能性を頭に入れて動いたり、野手に細かな守備位置、送球の指示を送ることもある。

バントシフトや外野手の守備位置変更で味方の好プレイを引き出し、相手ランナーをくぎ付けにしたり、三塁や二塁でアウトにできれば、相手に傾いた試合の流れを一

キャッチャーはすべての動きが見えるポジションだから

バックサード！

第1章

第2章

第3章 ピッチャーとキャッチャー

第4章

第5章

第6章

気に引き寄せることも可能だ。

　考えることが多く、大変なポジションだが、その分、自分で試合を組み立てる楽しさと、チームをまとめるやりがいも大きいのがキャッチャーなのだ。

「指示」と言っても、「上から目線」ではなく、あくまで「アドバイス」。言葉がけの語尾を「～しろ！」ではなく「～しようぜ！」に変えるだけで、一緒に戦う気持ちが伝わり、チームワークもよくなるぞ。

2アウトで塁が埋まっているとき、フルカウントでは、けん制球を投げる

ヤッター！

＼アウト！／

B ○○○
S ○○○
O ●●●

　走塁の項でも取り上げている、2アウトで塁が埋まり、フルカウントのケース。攻撃側は走者がオートマチックスタート、すなわち全員が盗塁のタイミングで一斉に走り出す。守備側はこれに慌てることなく、冷静に対処したい。

　この場面、ピッチャーはいったん、プレートを外してひと呼吸入れよう。タイミングがよければ、スタートしようとしていた走者の逆をつけることもある。確実にアウトにできそうなら、ここでけん制球を投げてもいいが、この場合、ボールがそれると大

ランナーが必ずスタートを切るから

量失点の危険もある。よほど自信があるとき以外は、プレートを外す程度と考えておこう。その動作だけで、相手走者を一瞬、足止めできるのと同時に、野手陣もひと呼吸置くことができる。気持ちを落ち着かせたら、あらためて投球動作に入ろう。

 マウンドを外して、ひと呼吸おくことで、自分の気持ちを落ち着かせるのと同時に、野手の緊張感もほぐすことができるぞ。

打球処理のときに 素早くマスクを外す

オーライ！

キャッチャーフライが上がったときや、バント処理などの守備機会では、マスクを外して打球を追うようにする。利き手でマスクの下側を持って、素早く外そう。

打球を追うときに、マスクが動きの邪魔になるだけでなく、網の部分はボールを追う視界の妨げになる。動くことでマスクがずれたりするとなおさらだ。キャッチャーフライが上がったときには、ボールが見えなくなった瞬間にマスクを外して、真上を

50

どうして？
外さないと視界と動きの じゃまになるから

NG これを やっては ダメ！

第1章

第2章

第3章 ピッチャーとキャッチャー

第4章

第5章

第6章

見上げるまでを一連の動きとして習慣づけよう。視界で捉えられる、中途半端に上がったフライは素早い捕球動作が必要なので、マスクをつけたまま捕りに行こう。

外したマスクは地面に置くが、守備の邪魔にならないよう、なるべく遠くに放るようにしよう。三塁にランナーがいるときは、走路上に置いてしまうと走塁妨害をとられる。

低めギリギリの投球はミットを立てて構える

キャッチャーの構えの基本は、ミットを開いて、捕球面をしっかりとピッチャーに見せる形にすること。低めに構えたときに、同じように面を見せるためには、ミット側の手首に力を入れておく必要がある

が、ミットの捕球面はピッチャーにとっての「マト」。ガマンして動かさずに、ピッチャーが投げやすい構えを心掛けよう。

ワンバウンドするようなボールが来たときは、ミットを逆さにし、先を地面につけ

第1章
第2章
第3章 ピッチャーとキャッチャー
第4章
第5章
第6章

どうして？
低めのストライクを
審判にとってもらうため

ボール

NG
これを
やっては
ダメ！

るようにして捕球する。これは後ろにそら　　方、というくらいに考えておきたい。
す恐れがあるボールが来たときだけの捕り

審判にとっても、低めの見極めは難しいもの。指先を地面に向けた形での捕球は、それだけでストライクをとってもらえる可能性が大きく減ってしまうと考えよう。

少年野球、親の関わり方は？

「2世選手は大成しない」――。

　こんな言葉を聞いたことはないだろうか。日本のプロ野球では、これまで、親子2代にわたって活躍した野球選手というのは、それほど多くない。冒頭の言葉のように、ありがたくないジンクスまであるほどだ。理由はさまざまだろうが、実績のある親が期待をかけ、技術を教えすぎるばかりに、子供のほうがある時期で燃え尽きてしまうのが原因—とする意見は少なくない。

　一方、アメリカのメジャーリーグに目を移すと、日本でも有名なケン・グリフィー親子やカル・リプケン親子をはじめ、2世代にわたって活躍するスター選手が少なくない。面白いのは、こうした2世選手の中には、学生時代、バスケットボールやアメリカンフットボールなど、ほかのスポーツを経験している選手が多いことだ。「押しつけ」にならない育成法が奏功している、と考えるのが自然だろう。

　本書を監修する江藤さんのもとには、少年野球選手の子を持つ親からの質問も多く寄せられるという。野球未経験の親から、高校球児として甲子園出場経験を持つような親までさまざまながら、どれも「野球を始めた我が子とどう接するべきか、教えるべきか、自分は指導せず伸び伸びやらせたほうがいいか」というもの。

　江藤さんは、少年野球では「子供と同じ目線を持ち、一緒に楽しむ」のが一番と答えている。小学生のうちは体力づくりと、野球を好きになることを目標にして、子供と一緒に喜怒哀楽を味わうのがベスト。子供たちがグラウンドに行くのを待ち遠しい、と思ってくれれば大成功、ということだ。

　また、江藤さんは監督時代、選手の親からの中元・歳暮のたぐいをすべて禁止にしていたという。中には、我が子をレギュラーに……という、あからさまなものもあったそうで、「実力の世界。親は口を出さず、見守っていてほしい」と説明していたとのこと。過剰な肩入れは、子供の成長にとって、かえってマイナスになりかねないのだ。

第4章

内野と外野

捕って投げるだけが仕事じゃない。
試合でバッテリーや、ほかの野手を助ける
内外野手の動きとは

相手走者の盗塁で「走った!」と声を出す

どうして？
走者の動きをキャッチャーに教えるため

走った―

走ったのか！

　相手の走者が盗塁を試みた場合、そのときの守備位置に応じて、ショートか二塁手がベースカバーに入る。

　そのときには、常に「走った！」と声を掛けながら動くようにしよう。キャッチャーはピッチャーが投げたボールを見ていて、ランナーが走ったことに気付きにくいからだ。

ボールの汚れは拭いてからピッチャーに返す

どうして？

ピッチャーがボールを拭くのはダメだから

第1章

第2章

第3章

第4章 内野と外野

第5章

第6章

　内野手は一連のプレイ後、ピッチャーにボールを返すときに、ボールが汚れていないか確認する習慣をつけよう。ちょっとした汚れを見つけたら、ユニフォームの太ももも部分でササッと拭いてから、ボールを返すとよい。これは、ピッチャーはマウンド付近でボールを拭く（こする）動作がルール上、認められていないからだ。

　ピッチャーがユニフォームでボールをこすってしまうと、審判に注意を受けたり、強制的にボール交換になったりするぞ。

ヒットのボールを素早く内野に返す

外野に飛んだ「ヒット」のときに、ボールを捕った外野手がボールを素早く返せず、持ちすぎてしまうことがある。

これは外野手本人もそうだが、受け取る内野手の動きも確認したい。とくに単打（シングルヒット）では、ゆっくり処理してしまいがちだが、セカンドやショートは素早く二塁ベース方向に動き、ボールを呼ぼう。

走者を次の塁に 行かせないため

NG
これを
やっては
ダメ！

はやくー
はやくー

あれっ

第1章

第2章

第3章

第4章 内野と外野

第5章

第6章

このクセをつけておけば、長打になったときに、スムーズな中継プレイができる。

少年野球では、「ライトゴロ」は比較的頻繁にあるし、まれに「センターゴロ」も

ある。いざというときに外野ゴロを狙えるよう、外野手は常に素早い返球を習慣づけておきたい。

エラーした場合の
バックアップに入る

内野からの悪送球

打球が飛んでくることが少ない外野手は暇だなあ、なんて考えていないだろうか。

実はその逆。内野の守備や送球など、多くのプレイでバックアップに入らなければならない外野手は、大忙しなのだ。

まずは内野ゴロが抜けたりエラーしたときのため。次に、内野手の送球ミスに備えて。そして、隣の外野手が捕れなかったときのため。

どれも「もしも」に備える動きだが、少

長打や余計な 進塁を防ぐため

外野フライ

第1章

第2章

第3章

第4章 内野と外野

第5章

第6章

年野球だと、盗塁時にキャッチャーが投げるセカンド、サードへの送球や、難しい内野ゴロのファーストへの送球などは、後ろにそれるケースが少なくない。

特に外野フェンスがないオープンなグラウンドでは、隣の外野手が後逸した打球をバックアップで処理するプレイは、目立たないが長打を防ぐファインプレイになる。

相手走者がベースを ちゃんと踏んだか確認する

内野手とキャッチャーは、相手走者が自分の守る塁を通過するときに、しっかりと塁を踏んだことを確認する習慣をつけよう。

目立たないが、これは内野守備の基本的な動き。実はプロ野球でも、ベースの踏み忘れでホームランが取り消されたケースがあるのだ。踏み忘れに気づいたら、ボールをもらってベースを踏み、審判にアピールする。守備側のアピールがない限り、審判員も宣告できない「アピールプレイ」なのだ。

踏んでないときは
アウトにできるから

第1章

第2章

第3章

第4章 内野と外野

第5章

第6章

少年野球に多い河川敷グラウンドなどでは、ゴロもライナーも、外野手の間を抜けると一気に長打になるので、先を急ぐ走者がベースを踏み忘れることも。

「踏んでない」となったら、まずは大声でボールを呼ぼう。ボールを受け取ったら、ベースタッチをして審判にアピールするのが「アピールプレイ」だ。タッチアップで離塁が早いときのアピールも同じだ。

「オーライ!」が重なったときは誰が捕るか決めておく

NG これをやってはダメ!

　フライが野手同士の中間点に上がったら、選手間で「オーライ!」「任せた!」など声を掛け合い、捕球する選手を決めて捕球する。

　一般的には「前後で声が重なったら、ボールに向かって前進してくるほうが捕る」「左中間や右中間はセンターが優先」などと言われるが、どちらが捕るかは、チームであらかじめ決めておくのがよい。

　飛び抜けて上手な選手がいれば、その選手が優先的に捕るようにする、などだ。

　例えば、プロ野球では内野フライをピッ

NG
これを
やっては
ダメ！

第1章

第2章

第3章

第4章 内野と外野

第5章

第6章

チャーが捕ることはほとんどないが、少年野球ではチームで一番守備のうまい選手がピッチャーをしているケースも多い。その　ときは任せてしまっても OK だ。

これは野手同士がぶつかって、ケガをするのを防ぐためにも大切。チーム内や野手同士で、普段から話し合いをしておこう。

振り逃げのときはキャッチャーが投げやすい位置で構える

一塁手は内野ゴロの場合、ミットと反対の足（左手で捕球するときは右足）で一塁ベースの内側を踏み、逆シングルの形で送球を受けるのが一般的だ。例外的に、バントや弱いピッチャーゴロの場合は、左足でベースを踏み、正面でボールを受ける。

さらに例外的になるのが、振り逃げのとき。キャッチャーが前にボールを落とし、フェアゾーンから投げるときはピッチャーゴロと同じく、左足でベースを踏み正面で

どうして？
ランナーにボールが当たらないため

NG これをやってはダメ！

受けるが、後ろにそらしたときは、キャッチャーがファウルゾーンから投げるので、一塁手もバッターランナーが走るラインを避け、ファウルゾーンで受けるようにする。このときは右足でベースを踏み、正面でボールを受ける。ボールを呼ぶときも、ファウルゾーンに出て声を掛けよう。

走者三塁の一塁ゴロは打者走者にタッチする

　ノーアウトまたは１アウトで、走者三塁または二・三塁のとき、前進守備でファーストゴロを捕った一塁手は、打者走者にタッチしてアウトをとることを心掛けたい。これは三塁走者から目を離さずにけん制し、もしその走者がスタートを切った場合、素早くホームに送球するためだ。一塁ベースを踏んでアウトにしようとすると、短い距離であっても、三塁走者と本塁に背を向けて走ることになってしまう。三塁走者が

ホームベースに背を向けると、三塁ランナーがかえってしまうから

NG
これを
やっては
ダメ！

ホームを突くためのスキができるのだ。

打者走者にタッチするときも、できる限り自分は体の向きを変えず、三塁走者を視界に入れた状態で行おう。

 2アウトのときは走者を気にする必要がないので、ベースを踏みに行こう

バッターの体格、走者やアウトカウントに応じて守備位置を変える

外野の守る深さや、内野の前進守備、中間守備など、バッターの体格、アウトカウント、ランナーのあり、なしといった状況によって、野手は守備位置を変えて守ることが求められる。少年野球の場合はベンチが指示を出したり、キャッチャーが指示を出したりと、チームによってそれぞれの方針や、決まりごとがあるはず。指示が出た

定位置ではとれないアウトをとるため

定位置

定位置

ときには、その意味や狙いを理解し、正しく動けるように準備しよう。

　もちろん、指示に従って守備位置を変えたときも、そこからの動きは自分自身で考える。キャッチャーが構える位置なども頭に入れながら、打球の飛ぶ方向をイメージし、必要なら前後左右に少し動くようにしよう。

球場の広さを頭に入れてプレイする

２つのグラウンドが密接する河川敷の場合

　少年野球ではとくに、さまざまなグラウンドで試合を行う機会がある。学校の校庭や、決して広くない公園内のグラウンドにはじまり、河川敷のグラウンド、プロ野球や高校野球などでも使う、立派なスタンドがある本格的な野球場まで、形や広さもいろいろだ。

　試合では、常にそのグラウンドの特徴を頭に入れたプレイを心掛けよう。

　外野フェンスのないグラウンドでは、外

広い球場ですばやく
バックアップに入れるように

ここの球場は
後ろが広いなー。

集中してカバー
にも入るぞ！

第1章

第2章

第3章

第4章 内野と外野

第5章

第6章

野手同士によるバックアップが重要になる
し、キャッチャーからバックネットまでが
遠い球場では、ワイルドピッチやパスボー
ルはなんとしても避けたい。逆に、パス
ボールでも本塁突入をためらうほど、バッ

クネットが近いグラウンドもある。
　試合のときには、最初にそうした特徴を
確認し、守備も攻撃も、それらを頭に入れ
てプレイしたい。

少年野球にバントは不要 !?
いやいや……

　昔に比べると、数多くの大会が行われている少年野球。全国的な大会から地域のリーグ戦までさまざまだが、大会のバリエーションも増え、最近では「バント禁止」という、思い切ったルールを採用する大会も始まっている。

　誤解してほしくないのは、これは数ある大会の中で、「この大会は子供らしく、思い切り投げ、打って戦うことを最優先にしよう」という趣旨で行われているものだということ。これをもって「少年野球にバントは必要ない」と結論づけるのは極論に過ぎるというものだ。

　本書は「すぐに使える知識」を主に取り上げているため、継続することで技術が上がる、個々の練習メニューなどについてはほとんど触れていないが、バントは大切な練習のひとつ。簡単に説明すると、❶最初からピッチャーに正対する構えと❷打つ姿勢からピッチャーが投げる瞬間に構える2種類があるが、いずれも❶両膝を軽く曲げてバットを水平にする、❷バット

は高めのストライクに合わせておき、それより低いストライクを両膝で調整する、❸手（バット）だけで当てに行かない（ヘッドが下がりやすく失敗する確率が高くなる）、❹ボックスの立つ位置はピッチャー寄りに（フェアグラウンドを広く使える）—といった点に気をつけて行う。

　本書のアドバイザーである深井利彦さんは、東京・目黒の強豪学童野球チーム「不動パイレーツ」で長く指導を行ってきた経験を持つ、少年野球界のベテラン監督だが、低学年のチームでは、「バントだけ」で行うゲーム形式の練習も取り入れているという。バント自体の技術はもちろん、これによって、子供たちに走塁や戦術に対する工夫や、理解が芽生えるのだという。

　繰り返すが、チーム方針や戦術でバントをしないことはあっても、それを持って「不要」という意味ではないので、お間違えなきよう。むしろ、バントがうまくなることは、レギュラーへの近道かも—。

第5章

走塁

次の塁を積極的に狙う走塁は、
チームに勢いをもたらす。
「足の速さ」だけが走塁のすべてじゃないぞ

駆け抜けもオーバーランも ベースは左足で踏む

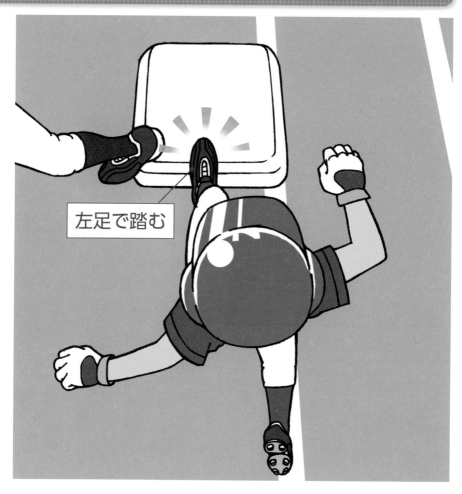

左足で踏む

バッターは打った後、一塁を目指して走るが、約38センチ幅のベース上で踏むべき場所がある。

内野ゴロなどで一塁を駆け抜けるときには、ベースの一番手前の中央部分を左足で踏む。一塁側ファウルゾーンに駆け抜けるよう、「右側手前」と教わることもあるようだが、送球がそれた場合など、駆け抜けた後に二塁に向かうケースがあるので、一塁線から大きく外側にそれないようにした

❶駆け抜けで一塁手とぶつからないため
❷オーバーランで加速するため

第1章

第2章

第3章

第4章

第5章 走塁

第6章

い。左足で踏むのは、相手一塁手との接触を避けるのと、もしぶつかったときにも、右足で踏ん張ることができるからだ。

　一塁を回って二塁方向まで進む「オーバーラン」のときは、左手前の角をやはり左足で踏む。自然と体が内側に傾き、加速度がつく。いずれの場合も、足先でベースを踏むイメージで。足全体をベースに乗せてしまうと、不安定になりケガの元だ。

2アウトのときは
打ったら必ずスタート

打ったらゴー

　普段はアウトカウントなどの状況を頭に入れ、第2リードから、ゴロだったら、フライだったら——と打球を見極め、次の塁に向かって走るか、元の塁に戻るかを決めるのが走者の仕事。しかし、2アウトのときは無条件に「打ったらゴー」だ。

　フライやライナーの場合、捕球されたら3アウトでチェンジとなる。だから、帰塁

迷わず走れば得点の可能性がアップする！

振ったらゴー

を考える必要がないのだ。二塁走者の場合は、うまくスタートを切ることができれば、ゴロが野手を抜けたとき、飛球が内野の頭を越えたときに、本塁まで行ける可能性も高くなる。三塁コーチャーが「回れ」の指示を出していたら、迷わず三塁を回ろう。

さらにこの状態で2ストライクになったら、「振ったらゴー（スイングゴー）」となる。

第1章
第2章
第3章
第4章
第5章 走塁
第6章

塁が埋まっているときはゴロで必ず走る

こんな良いコトが！
全力疾走が相手エラーを誘うこともある

ゴロゴー

　「塁が埋まっている」とは、ランナー一塁や一・二塁、そして満塁のこと。守備側が先頭のランナーをアウトにするときに、フォースアウト（ランナーへのタッチが不要で、ベースを踏めばアウト）にできる状態のことだ。アウトカウントに限らず、この場合は、ランナーはバッターが打ったときに、ゴロだっ

たら迷いなくスタートを切ろう。

　ノーアウトや1アウトの場合は、打球がフライやライナーになったときに、帰塁の必要がある。だから「転がったら走れ」の「ゴロゴー」。2アウトのときは前項で説明している、打球の見極めも不要な「打ったらゴー」になる。

塁が埋まっていれば投球と同時にスタート

こんな良いコトが！
ヒットが出れば大量得点も期待できる

投げたらゴー

第1章

第2章

第3章

第4章

第5章 走塁

第6章

　さらに状況が限定され、「塁が埋まっていて」「2アウト」「フルカウント」のときは「投げたらゴー」になる。つまり全員が自動的に、盗塁と同じタイミングでスタートできる。この場合はストライクなら三振、ボールならフォアボール、フライやライナーも捕球されれば3アウトチェンジ、ゴロもフォースプレイとなるため、ファウル以外は帰塁の必要がないのだ。

　スタートを切ったら、もちろん全力疾走。難しい打球はもちろん、高く上がったフライなどは、普段は簡単に捕れる打球でも、勢いよく走る姿が相手守備の視界に入れば、それがプレッシャーとなり、エラーを呼び込めることもある。そのエラーが得点につながればもちろん大きいが、ならなくても、試合の流れを変えるきっかけになることもあるのだ。

「アウト」「セーフ」を
自分で判断しない

　「アウト」や「セーフ」を判断するのは審判の仕事。当たり前のことだが、ついつい自分で判断してしまうことがある。
　「ボテボテの内野ゴロ……。アウトだな」と自分で判断し、走るスピードを緩めてし

まった経験はないだろうか？　内野フライであきらめ、全力で走らなかったことは？自分で判断することは、とくにエラーやハプニングの多い少年野球では禁物。アウトと思ってベースを離れたら、実は相手のエ

セーフかもしれないから

第1章 第2章 第3章 第4章 第5章 走塁 第6章

ラーでセーフになっていて、あらためてタッチアウト……なんていう、笑えない間違いも。微妙なタイミングのプレイなど、コールを聞き逃したときは審判に確認しよう。

 カウント3ボールから、審判のコールを聞く前に一塁に向かう、なども同じ。かえって審判の印象を悪くしてしまうこともある。自分ジャッジは、ひとつも得することがないぞ

第2リードを正しく とれるようになろう

第1リード

身長　1m

　ピッチャーが投球動作に入るまでの「第1リード」の後に、実際にスタートを切る形で2歩、3歩と走る「第2リード」。50メートル走やベースランニングのタイムがよくても、第2リードが下手では台無しになってしまう。走塁における重要なテク

ニックだ。

　自分に合ったリズムとタイミングで、できるだけ大きくとれるように。相手ピッチャーのモーションを観察することも大切だ。そのまま二塁に走るゴロや、暴投・パスボールのときには、勢いをつけダッシュ

第1章
第2章
第3章
第4章
第5章 走塁
第6章

こんな良いコトが！

次の塁に少しでも近づけるから

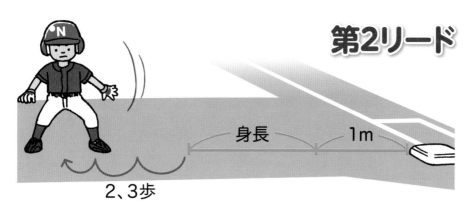

第2リード

身長　1m

2、3歩

へと移る。バッターが打たなかった場合や、ライナーやフライのときは素早く帰塁できるように。上手な第2リードは、相手バッテリーにとっても大きなプレッシャーになる。普段の練習から意識し、感覚を磨いておこう。

第1リードの大きさは、ヘッドスライディングで帰塁できる「身長＋1メートル」程度が基本だ

85

素早く帰塁して サインを確認する

　自分が走者のとき、バッターが打たなかった場合は、素早く帰塁して、次のサインを確認しよう。打球がファウルになったときも同じだ。「打たないときは帰塁し、サインを確認」までを一連の動きとして覚えておきたい。

　ベンチからのサインは、基本的にバッターへのタイミングで出される。そのとき、走者もサインを見る準備ができていなければならない。慌てて走者がサインミス、などとならないよう、常に意識を。サインを確認

攻撃のリズムを崩さないため

第1章
第2章
第3章
第4章
第5章 走塁
第6章

した「OK」「了解」のアンサーは、「帽子のつばに触る、などとしているチームが多いが、自分がランナーのときは、ここまで一連の動きをベース上でするようにしよう。

監督からのひと言　バッターとランナーに指さし確認をしてから、サインを出す監督もいるね。出す側も気をつけたいところだ。

サインがわからなければ 「タイム」をかけてでも確認する

すみません、タイム。

もう一回サインお願いします。

監督がベンチから出すサインを見逃したり、理解できないまま打ったり、走ったりしてしまった経験がある選手は多いと思う。チームによっては、複雑なサインを出すケースもあるのでなおさらだ。

しかし、サインは確実に理解してプレイするようにしたい。

見逃したり、わからなかったりしたときには、ベンチのほうを見て、サインをもう一度要求しよう。

作戦どおりの攻撃をするため

第1章
第2章
第3章
第4章
第5章 走塁
第6章

　少年野球ならば、場合によってはタイムをかけ、ベンチに戻って確認するくらいの図太さがあっても構わないだろう。

サインを出した上での失敗は監督のミス。サインを確認したら、選手は失敗を恐れず思い切ってプレイしよう。

不安だったらアウトカウントをコーチャーや審判に聞く

走塁に気を取られて、アウトカウントを忘れてしまった——。そんな経験は誰にでもあるもの。表示板のないグラウンドでは「あるある」だ。そんなときは焦らずに、タイムをかけ、コーチャーや、それでもわからなければ審判に確認しよう。

90

状況に応じた 走塁をするため

何アウト？

1アウト。

何アウト
ですか？

1アウト
だよ。

第1章

第2章

第3章

第4章

第5章 走塁

第6章

ボールカウントなども同じだ。いざというときはタイムをかけて確認できる、といった気持ちの余裕を持つようにしよう。

タイムをかけるときは、ベースについていることを忘れずに。

ベースががら空き……
そんなときは次の塁を狙う

　自分がランナーのときは、常に次の塁を狙うタイミングを意識しておこう。

　たとえば、ノーアウトや1アウト、ランナー・三塁で、スクイズが考えられるときには、相手守備陣は打球への意識が強く

なり、二塁への意識は薄くなる。前進守備でベースが空いたと思ったら、迷わず二塁を狙おう。

　本塁上のプレイに気を取られ、三塁や二塁のベースカバーや、送球への意識が薄れ

先の塁に進めれば
得点の確率アップ

NG
これを
やっては
ダメ！

第1章

第2章

第3章

第4章

第5章 走塁

第6章

ているなど、一連のプレイの中で、次の塁がガラ空きのときもある。ランナーが塁間ではさまれた、ランダウンプレイなどのときも同様だ。

　相手守備陣を慌てさせ、さらなるエラーを誘うことができるような走塁は大きな武器になる。自分がベンチにいるときも、次のプレイ、次の塁を考えることを習慣づけよう。

タッチアップできるようになろう

フライが上がったら帰塁

バッターの打った打球がフライやライナーとなり、相手の野手が捕球した後、ランナーは一度、帰塁（リタッチ）すれば、進塁を試みることができる。これがタッチアップだ。

当然だが、ノーアウトまたは1アウトのときに可能性がある。外野フライでいったん、ベースについた三塁ランナーが捕球を確認してスタートし、ホームインする「犠牲フライ」が典型的な例だが、二塁ランナー

アウトでも1点取れるから

外野手が捕った
直後にスタート！

第1章

第2章

第3章

第4章

第5章 走塁

第6章

がライトフライで、タッチアップにより三塁を狙うことも多い。フェア、ファウルの区別はないので、まれに、難しいキャッチャーへのファウルフライで、一塁ランナーが二塁へのタッチアップを決めるケースもある。

　自分がランナーの場合は、アウトカウントを確認して、可能性があるときはタッチアップを頭に入れておこう。

タッチアップでの進塁が無理なときはハーフウェイで待つ

タッチアップが狙える場合以外、ランナーはフライが上がったとき、相手野手が捕球したときには帰塁でき、捕球できなかったときには次の塁を狙うことができる場所まで出て待つ。これが「ハーフウェイ」と言われる位置だ。

よくベンチからランナーに向かって「ハーフウェイ（まで出て待て）！」の指示が飛んだりするが、実際には相手外野手の捕球する位置や、捕球の難しさなどによってハー

捕球されれば帰塁し、落とせば次の塁を狙うため

第1章

第2章

第3章

第4章

第5章 走塁

第6章

フウェイの位置は変わってくる。深めの外野フライや、捕るのが難しそうな位置へのフライなら大きめのリードをとっても大丈夫だし、浅ければそれほど出ることはできない。

フライが上がったら「タッチアップできるか？」を判断し（できそうなら帰塁して捕球を待つ）、無理なら「どこまで出て待てるか」を打球によって決める。簡単ではないが、できるだけ素早く判断できるよう、普段から心掛けておこう。

三盗で送球がそれたら、そのまま本塁へ走る

　一塁から二塁への盗塁に比べ、二塁から三塁への盗塁は、キャッチャーからの距離も近くなるため、かなり難しくなる。だが、とくに二盗が多い少年野球では、頻度（ひんど）の低い三盗に対する警戒心（けいかいしん）が薄くなることも。そんなときに、相手バッテリーのスキを突いて決める会心の三盗は、試合の流れを引き寄せる大きな契機にもなる。

ほとんどの場合 得点できるから

NG
これを
やっては
ダメ！

おーい!!

第1章
第2章
第3章
第4章
第5章 走塁
第6章

　うまくスキを突けたときには、相手キャッチャーが慌てて、三塁へ暴投してしまうこともある。送球がそれたときには、ためらいなく本塁に突入しよう。すぐに本塁へ向かえば、レフトがバックアップしても、ほとんどの場合で得点できる。あらかじめ、そこまで頭に入れてプレイできれば満点だ。

三塁走者は一・二塁側の ゆるいゴロでゴー!

　三塁走者でノーアウト、または1アウトの場合、内野ゴロでホームを突くかどうかは、判断が難しいところだ。学童野球の場合は、「一・二塁側にゆるいゴロが転がったらゴー」と覚えておこう。

　これは一塁手・二塁手からのバックホームを捕球したキャッチャーが、体をひねってタッチに行かなければならないから。ボールを捕った方向から、体の向きを変えずにタッチにいける三塁ゴロやショートゴ

第1章

第2章

第3章

第4章

第5章 走塁

第6章

こんな良いコトが！

セーフになることが多いから

NG これをやってはダメ！

ロに比べて、ひとつ動作が増える分、セーフになる可能性が高くなるのだ。

では、ピッチャーゴロはどうする？　もちろんストップだ。

監督からのひと言　左バッターの強いゴロなどでは、スタートをしないほうがいいケースもある。

自分が生還しても追いつかないときは無理をしない

チーム	一	二	三	四	五	六	七	合計
A	1	0	1	0	0	0	3	5
N	0	0	0	0	0	0		0

　走塁において、常に次の塁を目指す積極性は大切だが、無理をせずに塁上にとどまるほうがいいケースもある。チームが負けていて、点差がある場合だ。

　自分がホームインしても、まだ点差があるようなケースでは、判断が難しい打球では無理しないようにしよう。ランナーがいれば、それだけで相手ピッチャーや野手にプレッシャーをかけることができる。変化球禁止の学童野球でも、スローボールで緩

目先の1点よりも、ランナーをためて相手にプレッシャーをかけるため

チーム	一	二	三	四	五	六	七	合計
A	1	0	1	0	0	0	3	5
N	0	0	0	0	0	0		0

NG これをやってはダメ！

急をつけるピッチャーがいるが、ランナーがいるときには盗塁警戒でスローボールを投げづらくなるもの。意識的に大きめなリードをとることでも、バッターをアシストできる。

自分ひとりが得点するより、塁上に残ってバッターを助け、出塁につなげることができれば、ランナーがたまり、大量点のきっかけになることだってあるのだ。

ゴロが左側に飛んだらゴー、右側に飛んだらストップ

GO!

　ノーアウトまたは1アウト二塁で、二塁ランナーになったときには、打球がゴロだった場合、三塁を目指す「ゴー」と二塁に戻る「バック」は、打球が転がった方向で判断しよう。

簡単だ。自分の体よりも左側に転がれば「ゴー」、右側なら「バック」。

一塁手・二塁手は三塁に送球するのには距離があるため、ファーストゴロ、セカンドゴロは一塁で確実にアウトを取りに行く

ファーストゴロ、セカンドゴロでは三塁に投げないから

STOP!

第1章
第2章
第3章
第4章
第5章 走塁
第6章

からだ。それとは逆に、三塁への距離が短いショートゴロ、サードゴロで三塁に走ると、アウトになる確率が高くなる。そのまま二塁にとどまるようにしよう。

 三塁ゴロの場合も、三塁手が一塁に投げた瞬間にうまくスタートすれば、セーフになることが多い。二塁に戻る動きをしながらスキをうかがおう。

三塁手が前進してベースが空いたら三塁を狙え

あ、空いている!

　ノーアウト二塁の場面では、送りバントも有効な攻撃だ。とくに得点への攻撃の選択肢が格段に増える「1アウト三塁」の形を作ることは、勝つためのカギと説く指導者も少なくない。

　バントが予想されるときに、相手の内野守備が前がかりになるのは当然だが、そのときに守備体系にスキができることがあ

守備側が三塁に投げて
アウトにできないから

投げられない！

第1章
第2章
第3章
第4章
第5章 走塁
第6章

る。バントの構えで相手三塁手が前進した
ときに、三塁のベースカバーを確認し、ベー
スが空く瞬間があれば、積極的に三盗を狙
おう。盗塁が成功すれば最高だが、あきら
めて二塁に戻った後も、大きな第2リー
ドで相手守備を慌てさせることができれ
ば、バントするバッターにとって大きなア
シストになる。

リードはファウルゾーン、帰塁はライン上で

ファウル

アウト

NG
これを
やっては
ダメ！

　三塁ランナーの場合、リードはファウルグラウンド側でとることを習慣にしよう。右バッターが引っ張った強い打球などがよく飛んでくるが、ファウルゾーンでは打球が体に当たったとしても、アウトにならな

い。逆にフェアグラウンドで打球に当たったときには、守備妨害でアウトになってしまうのだ。

　一方、帰塁するときはライン上を走って戻るようにしたい。これは万一、キャッ

❶守備妨害にならないため
❷キャッチャーが三塁に投げにくくするため

第1章

第2章

第3章

第4章

第5章 走塁

第6章

チャーからの送球があったときに、相手キャッチャーから見て三塁手と重なる位置を走ることで、投げにくくするためだ。

ただし、実際に送球が当たるのは避けたい。そのためにも、オススメはヘッドスライディングで戻ることだ

走者一・三塁で一塁走者がはさまれたらホームへゴー

　ランナー一・三塁のとき、けん制などにより一塁ランナーがはさまれた場合には、三塁ランナーはホームを狙おう。

　じりじりとリードを広げながら一・二塁間のランダウンプレイを見極め、スタートを切る。

　タイミングは、二塁側の野手が一塁側に向かってボールを投げた瞬間とされている。この場合はボールを受けた一塁側の相手野手が本塁に送球することになり、一塁ランナーを追う方向から、体を反転させる必要があるからだ。

得点できる
可能性が高いから

第1章

第2章

第3章

第4章

第5章 走塁

第6章

　2アウトの場合も、はさまれたランナーがアウトになる前にホームインできれば、得点は記録される。

アウトカウントにかかわらず、思い切って走ろう。

ランナー一・三塁での一・二塁間ランダウンプレイは、プロ野球でもキャンプ練習の必須メニューなんだよ

インフィールドフライでは、通常の内野フライと同じ動きをする

インフィールド
フライ！

　ノーアウトまたは１アウトで、塁が埋まっているときに上がった内野フライは、「インフィールドフライ」となることがある。

　このインフィールドフライ、ルールブックには「０アウトまたは１アウトで、ランナーが一・二塁、一・二・三塁にあるとき、打者が打った飛球（ライナーおよびバントを企てて飛球となったものを除く）で、内

野手が普通の守備行為をすれば、捕球できるものをいう」と説明されている。内野フライをわざと落とし、ダブルプレイなどを狙うのを防ぐため、普通にプレイすれば捕れるフライは、捕る前にバッターのアウトを宣告する、というものだ。

　審判が「インフィールドフライ！」と告げると、その時点でバッターはアウトにな

審判の宣告で打者はアウト、でもプレイは続いているから

インフィールド フライ！

NG これをやってはダメ！

第1章

第2章

第3章

第4章

第5章 走塁

第6章

るが、覚えておきたいのは、ボールインプレイであること。審判の宣告で、プレイが止まったように感じられるかもしれないが、ボールデッドなどにはならず、通常のフライ同様、プレイは続行している。帰塁しておらず、相手守備にベースタッチなどされればダブルプレイにもなるので注意しよう。

「ボールインプレイ」は「プレイ続行中」の意味。球審が「プレイ」をかけると、ファウルや死球、「タイム」がかかったときなど「ボールデッド（プレイが中断した状態）」になるまで、プレイは続行中だ。

モノマネとスマホと YouTube

つい数年前、いたるところで見かけた、イチロー選手のマネをしてバットを振る学童野球選手を、最近ではすっかり見なくなってしまった。

古くは王貞治選手や長嶋茂雄選手、江川卓投手や掛布雅之選手、落合博満選手など、子供たちがこぞって取り組んだ「モノマネ」の対象は、時代を象徴する一流の野球選手ばかりだった。そして、真似をする特徴ある動きの中に、打撃や投球の重要なポイントが含まれていたのか、あるいはモノマネ上手な子供が皆、器用だからなのか、そうした子供たちには、総じて野球の実力も高い選手が多かった。

そうしたモノマネの"仕入れ先"は、多くがテレビの野球中継。しかし、そのプロ野球中継はいまでは激減し、テレビで野球を見ない学童野球選手が増えているという。「好きな野球選手」を聞いても、答えが返ってこない状況というのは寂しいものだ。

嘆かわしい現実——。と思いきや、この数年はまた、少し状況が変わりつつある。

そう、「YouTube」などのネット動画だ。この10年ほどの間に台頭し、あっという間に身近なメディアとして定着してしまった。現代の子供たちにとっては、テレビよりもずっと身近な存在になっているようだ。

そのコンテンツは無尽蔵といっていい。野球関係だけでも、探せばかつてのプロ野球名勝負から、高校野球の伝説の試合、MLBの超絶ファインプレイ集など、見始めたらキリがないほど。中には、元プロ野球選手による自身のプレイ解説や、「野球YouTuber」による体験動画など、「知ってためになる」「実際のプレイのお手本になる」ものも多い。

繰り返して見たり、スロー再生も簡単。かつて高価な機材でしかできなかったことも、手元のスマートフォンやタブレットで自由自在なのだ。さらに、自分のプレイを録画して確認することも容易だから、うまく利用すれば、野球上達にはうってつけといえる。

親子で見たり、一緒に学ぶのもいい。ネットやスマホ・タブレットの普及が、野球人口増加の一助になってくれれば最高なのだが……。

第6章

声出し

打つ、守る、走るだけが野球じゃない。
自分を奮い立たせ、チームメートを元気づける言葉を
力強く叫ぼう。監督はそういう選手を使いたくなる！

エラーをしたチームメートに声掛けを

どうして？

チームの雰囲気を悪くしないため

野球にエラーはつきもの。プロ野球の名手だって、エラーをしない選手はいないのだ。少年野球では、とくにそう。誰だってエラーはしてしまうが、大切なのは、気持ちを引きずって、同じミスを繰り返さないことだ。

エラーしてしまい、落ち込むチームメートには、進んで声を掛けてあげよう。「ドンマイ！」「次は捕れるぞ！」。なんでもいい。仲間のひと言で、気持ちの切り替えはできるのだ。

「情けは人のためならず」ということわざがある。人にした親切は、回り回っていずれ自分に戻ってくる、という意味。自分がエラーしたときには、仲間が声を掛けてくれるはずだ。

アウトカウントは常に声に出して確認する

どうして？

アウトカウントによって次のプレイが変わってくるから

ツーアウト

第1章

第2章

第3章

第4章

第5章

第6章 声出し

　守備についているときには、仲間と声を掛け合いながらプレイすることを心掛けたい。大きな声を出すことによって、適度な緊張感を維持しつつ、肩の力を抜いてプレイすることができる。

　声出しの種類はいろいろあるが、まずはアウトカウントだろう。試合の状況は常に変わる。アウトカウントを声に出しながら、次に起きるプレイの可能性を考えて動くようにしたい。「ワンアウト、ゲッツーあるよ！」「ツーアウト、近いところで！」といった具合に、状況に応じて動きを確認する声出しも大切だ。

味方のプレイに感謝、声掛けをする

ナイス プレイ！

よく言われることだが、「ピッチャーが投げなければ、野球は始まらない」。勝負の7割、8割はピッチャーで決まると言う人もいるほど、責任のあるポジションで

もある。

これは投球内容だけに限らない。テンポのいい投球が野手陣の好プレイを引き出すことはよくあるし、逆に、リズムの悪い投

こんな良いコトが！

そのひと言がチームの連帯感を生み出すから

ドンマイ！

球は、味方のエラーにつながってしまうことも。よくないのは、ゲームの中で孤立する「ひとり相撲」の状態だ。

だからこそ、ピッチャーは常に、野手への声がけを習慣づけたい。好プレイには感謝を、エラーには「ドンマイ！」を。そうしてチームに連帯感、一体感が生まれれば、いい試合ができるはずだ。

大きな声を出して打者や走者の力になる

どうして？

良い雰囲気で攻撃できるから

少年野球では軽く見てしまいがちなベースコーチだが、プロでは監督やヘッドコーチが務めることもあるほど重要な仕事だ。

突き詰めると仕事が多いベースコーチだが、少年野球では「バッターやランナーへのアドバイス」と「声出し」を意識して行う。ランナーにはピッチャーやキャッチャーによるけん制球や、ボール保持者を知らせた

り、アウトカウントやボールカウントを声に出して確認したり、バッターには「ナイススイング！」「じっくり行こうぜ」など、できるだけ休みなく声を出して、チームメートの緊張をほぐすようにする。

そうすれば自分の打順や、代打で出番が巡ってきたときにも、緊張せずに打席に入れるはずだ。

ひと言で雰囲気をよくするように声を出す

どうして？
チームを引っぱる第2の監督だから

この試合勝って
焼肉行こうぜ！

第1章
第2章
第3章
第4章
第5章
第6章 声出し

　守備の「要」であり、「第2の監督」「フィールド内の監督」と呼ばれることもあるキャッチャー。ひとりだけ、フィールド全体が見渡せる位置でプレイするポジションだからこそ、チームメートに出せる指示や声掛けがある。

　ピッチャーには頻繁に声を掛け、リラックスさせたり、リズムを作り出せるようにサポート。野手にはバントやゴロの送球場所を指示したり、守備位置の指示も。「次、（相手ランナーが）走ってくるぞ」などの言葉は、ピッチャーに小声で言うか、野手全員、相手ベンチにも聞こえるように大声で言うかで意味も変わる。

　必要なときに、必要な声掛けができるキャッチャーは、チームを元気づけ、試合の流れを作ることもできるのだ。

チームが静かになったら、進んで声を出そう

元気出そうぜ！
まだ逆転できるぞ！

チーム	一	二	三	四	五	六	七	合計
A	1	1	0	0	3			5
N	1	0	0	0	0			1

　失点をしたとき、ピンチのとき、誰かがミスをしてしまったときなど、試合で劣勢のときには、チームも静かになりがち。そのまま、焦ったピッチャーが投げ急いでし

まったり、不安を引きずる野手がエラーを重ねてしまったりと、悪い流れは断ち切りたい。

　そんなときにも、大きな声を出してチー

気持ちの切り替えで
ピンチがチャンスにもなるから

じっくり
見ていこう！

チーム	一	二	三	四	五	六	七	合計
N	1	0	0	0	0			1
A	1	1	0	0	3			5

ムをもり立てよう。カウントの確認でもいい。「元気出そうぜ！」でも「バッチ来い！」でも、なんでもいい。気持ちを切り替え、流れがこちらに向かうのをじっくりと待た

なければならないときもあるのだ。

　そうしてピンチを切り抜け、自分たちに流れを引き寄せられれば、自分たちにチャンスが巡ってくることが多いのだ。

さくいん

⚾ あとがき ⚾

　本書の対象が野球を始めたばかりの低学年選手と聞き、自分が低学年の監督だったときに、どんな指導をしてきたのかを振り返ってみました。

　私が一番大事にしていたのは、野球を始めたばかりの子供が「野球ってつまらない」と思わないような活動内容です。

　バッティングや守備の基本練習をした後、試合形式で練習したり、ときに他のチームと練習試合をします。子供って、試合が大好きです。勝てば嬉しいし、負けたら悔しい。そこで、どうやったら1点でも多くとれるのか、どうやったら相手に点をあげない守備ができるのかを指導するんです。

　その中で、本書で紹介してるような「ちょっとしたこと」を教えます。すぐにはできなくて当たり前。でも、それらができたときに、ほめることで選手は成長します。

　毎回の活動のたびに、何かひとつでも新しいことを教えていくようにすると、低学年チームから高学年チームになったときには、選手たちには「考える力」がついています。そうすると、試合でも「この場面だとエンドランだな」とか、「ここは得点チャンスだから何か動きがあるな」って予想して動けるようになる。「考える力」で野球ができるから、ますます楽しくなるんです。

　本書の内容は難しいものではなく、野球を始めたばかりの子供でも、明日からすぐにできることばかりです。本書の項目がひとつできるたびに、お子さんを沢山ほめてあげてください。親子で野球を楽しむための第一歩として、本書を活用いただけたら幸いです。

深井利彦

監修

江藤省三 *Shozo Eto*

元 読売ジャイアンツコーチ
元 慶応大学野球部監督

巨人、中日で活躍した内野手。引退後は巨人、横浜、ロッテのコーチを務める。また母校である慶応義塾大学野球部の監督も務めた。現在は東京中日スポーツ解説員を務める傍ら、全国で行っている少年野球教室も人気。

アドバイザー

深井利彦 *Toshihiko Fukai*

目黒区少年軟式野球連盟理事長

1963 年、東京都生まれ。2004 年長男とともに不動パイレーツに入団。2010 年から監督として全日本学童全国大会を目標に選手を指導。2016 年全国大会初出場時は監督として、2019 年2 度目の全国大会出場時は総監督としてチームを指揮。2020 年チームから離れ、現在は目黒区少年軟式野球連盟理事長として、また東京都軟式野球連盟のスタッフとして、少年野球の運営と発展に尽力する。

執筆

鈴木秀樹 *Hideki Suzuki*

1968 年、愛知県生まれ。フリーライター。2002 年より東京中日スポーツ「みんなのスポーツ」コーナー（2020 年からは東京新聞でも展開）で、デスク兼記者兼カメラマンとして、首都圏を中心に学童野球を取材している。

[STAFF]

編集協力	ナイスク http://naisg.com
	松尾里央　岸正章
執筆	鈴木秀樹
イラスト	丸口洋平
デザイン・DTP	沖増岳二
アドバイザー	深井利彦（目黒区少年軟式野球連盟理事長・不動パイレーツ）

しょうねんやきゅう
少年野球
かんとく つか せんしゅ
監督が使いたい選手がやっている!

デキるプレイ56

2021 年 9 月 10 日　第 1 刷発行
2024 年 10 月 10 日　第 5 刷発行

えとうしょうぞう
監　修…江藤 省三
発行者…竹村 響
印刷所…株式会社光邦
製本所…株式会社光邦
発行所…株式会社日本文芸社
〒 100-0003　東京都千代田区一ツ橋 1-1-1 パレスサイドビル 8F

乱丁・落丁などの不良品、内容に関するお問い合わせは
小社ウェブサイトお問い合わせフォームまでお願いいたします。
ウェブサイト　https://www.nihonbungeisha.co.jp/

©NIHONBUNGEISHA 2021
Printed in Japan 112210824-112241002 Ⓝ 05　（210084）
ISBN978-4-537-21917-3

（編集担当：松下）